GALLIMARD
JEUNESSE
MUSIQUE

ISBN : 978-2-07-062316-7

Dépôt légal : mai 2009
Numéro d'édition : 162705
Imprimé en Italie par Zanardi Group
Loi n° 49-956 du 16 juillet 1949
sur les publications destinées à la jeunesse

Louis

ARMSTRONG

DÉCOUVERTE DES MUSICIENS

Illustrations de Rémi Courgeon
Texte de Stéphane Ollivier
raconté par Lemmy Constantine

C'est dans la moiteur de l'été de Louisiane, en plein cœur du quartier pauvre et noir de la Nouvelle-Orléans, que Louis Armstrong voit le jour, le 4 août 1901. Élevé par sa grand-mère Joséphine, le petit garçon passe ses premières années à vagabonder au hasard des rues.

La maison natale de Louis Armstrong

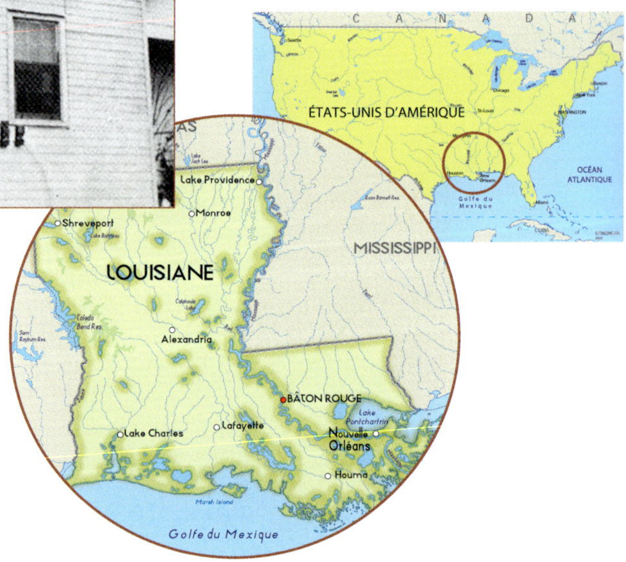

CHAUD AU CHŒUR

Lorsqu'ils chantent du gospel, les Noirs américains trouvent dans les paroles de Dieu, après toutes ces années d'oppression, un vrai réconfort. La musique peut en effet être un magnifique refuge. T'est-il déjà arrivé d'en écouter pour t'apaiser ?

1 Summertime, *Porgy and Bess*
When the Saints Go Marching In

Un seul rendez-vous est sacré à ses yeux : l'office du dimanche. Louis aime ces chants sacrés venus du fond des âges, les gospels. Ce mélange de tristesse et d'énergie évoquant la douleur de ses ancêtres esclaves venus d'Afrique touche au cœur le petit garçon.

En ces premiers moments du XXe siècle, toute la Nouvelle-Orléans vibre et résonne de musique : dans les cabarets mal famés de Storyville où se produisent musiciens et chanteuses de blues, mais aussi partout dans les rues où, pour fêter le mardi gras

2 St. Louis Blues
New Orleans Function

ou célébrer les enterrements, des fanfares ambulantes, les *marching bands*, défilent au son des cuivres et des tambours. Le jeune Louis comprend bien vite que la musique sera au centre de sa vie.

TOUT EST MUSIQUE

Un musicien « ressent » le monde à travers son oreille. Fais un test : amuse-toi à nommer tout ce que tu entends : une voiture, un oiseau, le bruit du vent, de la pluie, une musique que tu aimes...

Élevée dans une pauvreté extrême, Bessie Smith (ci-contre) commence très tôt à gagner sa vie en chantant dans les rues. Elle s'impose rapidement comme une immense chanteuse de blues.

INSTRUMENT DE RÊVE

Parmi tous ces musiciens qui paradent, il en est certains que Louis vénère par-dessus tout : les joueurs de cornet. Il n'a qu'un rêve : leur ressembler un jour. En attendant le jeune garçon adore chanter… À huit ans il crée son propre quartette vocal et se produit

3 Carry Me Back to Old Virginny

dans les rues quand les petits boulots, qu'il accumule pour aider sa famille, lui en laissent le temps. Un jour, en vidant un grenier, il déniche un clairon ! Mais, très vite, c'est un autre instrument qu'il lui faut... Sous après sous, Louis économise et s'offre un véritable cornet à piston !

Le cornet à piston (en bas) est le cousin de la trompette (en haut). Plus compact, il est plus facile à manipuler car plus adapté aux petites mains. Idéal pour commencer !

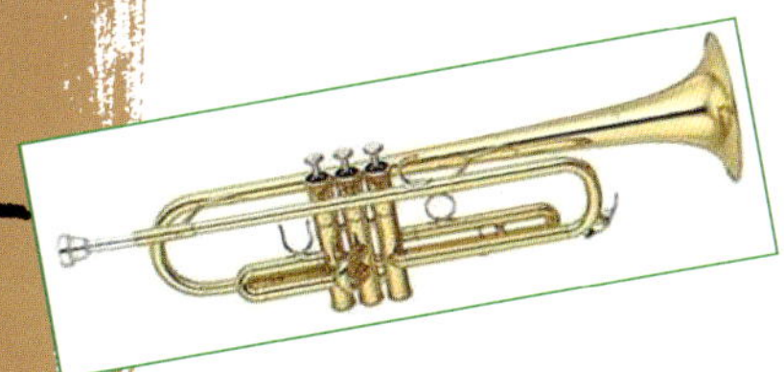

VIVE L'IMPRO !

Dans le jazz, les musiciens aiment parfois laisser leur imagination les guider. On dit alors qu'ils « improvisent ». Et toi, sur le chemin de l'école en fredonnant, à ton piano ou à la flûte, as-tu déjà inventé des musiques ?

Dans la nuit de la Saint-Sylvestre 1913, accusé d'avoir tiré en l'air avec un revolver, Louis est arrêté et enfermé dans une « maison de détention pour garçons de couleur », la Waif's Home. Soumis à une rude discipline militaire, il y mange à sa faim et reçoit des rudiments d'instruction.

Louis Armstrong dans la fanfare de la maison de correction

JOUER EN SOLO

Jouer dans un orchestre n'est pas facile ! Il faut être à l'écoute de tous les instruments et se concentrer sur sa partition... Mais parfois, certains musiciens jouent en soliste, c'est-à-dire jouent tout seuls une partie de musique. Impressionnant, non ? Et toi, as-tu déjà chanté en solo à la chorale de l'école ?

4 St. James Infirmary
Fireworks

On lui enseigne quelques notions de solfège et surtout les bons doigtés pour jouer correctement du cornet. Il devient rapidement la mascotte de l'orchestre de l'établissement.

Au bout de deux ans, Louis est libéré et retourne à sa vie de vendeur de journaux et de livreur de charbon. À quatorze ans, il n'a désormais plus qu'une idée en tête : devenir musicien. Travaillant assidûment son instrument, Louis ne manque pas une occasion d'aller écouter son idole,

le cornettiste Joe « King » Oliver. Impressionné par l'enthousiasme de son jeune admirateur, « Papa Joe » le prend sous son aile. Il lui donne quelques conseils mais surtout lui offre, pour ses dix-sept ans, la chance de faire partie de l'orchestre du tromboniste Kid Ory, l'un des meilleurs de la Nouvelle-Orléans.

QUESTION D'OREILLE

Pour jouer d'un instrument, il vaut mieux savoir lire la musique, un langage un peu magique, fait de notes, de clefs, de portées... Mais certains musiciens arrivent à reproduire un morceau juste en l'écoutant. Et toi, as-tu déjà essayé de rejouer, au piano, une musique que tu as entendue ?

Le Creole Jazz Band de Joe « King » Oliver avant l'arrivée d'Armstrong

VIRTUOSE ET PROFESSIONNEL

Très vite la rumeur enfle à travers la ville : un gamin est en train de surpasser ses aînés. Sollicité de toutes parts, Louis choisit de débuter sa carrière de musicien professionnel en rejoignant l'orchestre de Fate Marable, à bord des *river boats*, les bateaux à aubes qui remontent

INVITATION À LA DANSE

Le jazz aime jouer avec le rythme. On le ressent autant qu'on l'entend... C'est ce qui donne une irrésistible envie de danser et de se balancer ! Ce balancement typique s'appelle le swing. Essaie, dans les extraits proposés, de marquer le rythme en claquant des doigts. Attention, il faut que ça swing !

6 Melancholy Blues
Dipper Mouth Blues

le Mississippi jusqu'aux grandes villes du Nord.
En 1922, à Chicago, Louis croise de nouveau la route de King Oliver. Sa réputation de virtuose est désormais bien établie et « Papa Joe » lui offre cette fois le poste de second cornettiste au sein de son propre orchestre.

Ces bateaux à aubes du Mississippi, dancings et casinos flottants offrent un travail régulier à de nombreux musiciens.

Par la puissance de sa sonorité, son imagination mélodique et son sens inné du swing, Louis s'impose comme le meilleur musicien de sa génération. Il est prêt à franchir un nouveau cap : jouer sa propre musique. En 1925, il fonde les Hot Five et laisse exploser toute la force lyrique de son talent. Puis l'Amérique découvre l'autre face de son génie : sa voix au timbre exceptionnel. À travers lui, ce sont tous les Noirs d'Amérique qui se font entendre. Grâce à lui, le jazz traverse les frontières.

Plus qu'un joueur de jazz, Armstrong a incarné l'espoir de réussite pour de nombreux jeunes Noirs des quartiers pauvres (ici, à New York).

7 Summertime, *Porgy and Bess*

Aujourd'hui

comme hier...

on écoute

toujours

la musique

d'ARMSTRONG

NOBODY KNOWS...

Tout au long du XVIIIe siècle, dans les plantations de coton du Sud des États-Unis, les esclaves noirs ont peu à peu créé leur propre musique religieuse, en mêlant aux hymnes chrétiens protestants des rythmes et des mélodies empruntés à leur culture africaine d'origine. Ces gospels, ou negro spirituals, constituent,
18 avec le blues, le cœur de la musique noire américaine. Dans cette version bouleversante de *Nobody knows*, Louis Armstrong déchire de sa voix rauque le tissu soyeux des instruments à cordes pour faire surgir toute la puissance émotionnelle de cette mélodie immémoriale et anonyme.

L'esclavage fut aboli aux États-Unis en 1865. Mais il a fallu bien plus d'un siècle pour que l'intégration des Noirs voie le jour.

Les premiers disques de Louis Armstrong datent de 1923. Ces disques, que l'on appelait alors « 78 tours », ne contenaient qu'une chanson par face.

To Doc Turne
From
Louis Armstro
3/20/33
JOHNNY COLLINS

WEST END BLUES

Enregistrée le 27 juin 1928 à Chicago, cette interprétation magistrale de *West End Blues*, est considérée comme le premier grand chef-d'œuvre de l'histoire du jazz. Tout en demeurant fidèle aux principes de l'improvisation collective propre au jazz de la Nouvelle-Orléans où tous les instruments s'entremêlent en une polyphonie endiablée, Armstrong, à la tête de ses Hot Five, joue ici un blues mélancolique, dans un solo remarquable d'équilibre et de fluidité. Le jazz est entré dans sa maturité.

Louis Armstrong est le premier grand soliste de jazz. Avec lui le solo trouve sa place dans cette musique, avant tout collective.

Chicago a toujours été une ville de musique. Au début des années 1900, de nombreux ouvriers noirs des villes industrielles du Sud sont venus chercher du travail à Chicago et y ont apporté le jazz et la musique traditionnelle du blues.

DREAM A LITTLE DREAM...

Contrairement à la musique classique où un compositeur décide de ce qui doit être joué, le jazz est une musique du partage : à partir d'un thème, chacun est libre d'exprimer ses propres émotions. Au cours de sa carrière, Louis Armstrong rencontre beaucoup de grands musiciens mais sa complicité avec la chanteuse Ella Fitzgerald est unique. Dans *Dream a Little Dream of Me*, Ella improvise des contre-chants pleins de swing derrière la grosse voix éraillée de Louis. Cette façon de chanter en remplaçant les paroles par une suite d'onomatopées s'appelle le *scat* – et Ella, comme Louis, en sont les spécialistes.

Louis Armstrong avec une autre grande dame du jazz : la chanteuse Billie Holiday.

En 1957, l'album *Ella and Louis* eut un tel succès que l'année suivante sortit *Ella and Louis Again*. Et le succès fut à nouveau au rendez-vous !

AVEC LE DUKE

SOLITUDE

Né tout comme Louis à l'aube du XXe siècle (en 1899), Duke Ellington est l'autre immense génie de l'âge d'or du jazz. Compositeur, arrangeur, chef d'orchestre, mais aussi pianiste d'une grande modernité, Ellington donne ici la réplique à Louis dans le seul disque qui, en 1961, immortalise sur le tard leur rencontre. Dans cette version de *Solitude*, leurs styles se complètent à merveille : Armstrong joue et chante la mélodie avec beaucoup de sensibilité, tandis que Duke utilise son piano comme un peintre, sa palette de couleurs.

Son entrée, en 1927, dans le très célèbre club de jazz de New York, le Cotton Club, va mener Ellington au sommet de sa gloire.

La rencontre de deux géants du jazz autour d'un enregistrement exceptionnel

GALLIMARD JEUNESSE

Gallimard Jeunesse Musique :
Paule du Bouchet
Direction artisitique :
Élisabeth Cohat
Graphisme :
Yann Le Duc
Maquette :
Anne-Catherine Boudet
Iconographie :
Claire Babin
Coordination éditoriale :
Claire Babin
Enregistrement, montage et mixage :
Isabelle Davy, Studios Circé, Paris.
Promotion / Presse :
Agnès Tchakgarian

TABLE DES ILLUSTRATIONS

DISQUE

1 Summertime 7
Gershwin, extrait de *Porgy and Bess*
Enregistré à Los Angeles le 18 août 1957
Russ Garcia's Orchestra
Ella Fitzgerald : voix
Louis Armstrong : trompette, voix

When the Saints Go Marching In
(Enregistré à New York, le 13 mai 1938)
Louis Armstrong et son orchestra
Louis Armstrong : trompette, voix
Shelton Hemphill : trompette
J. C. Higginbotham : trompette
Rupert Cole : clarinette
Charlie Holmes : saxophone alto
Bingie Madison : saxophone ténor
Luis Russel : piano
Lee Blair : guitare
Red Callender : contrebasse
Paul Barbarin : batterie

2 St. Louis Blues
(Enregistré à New York le 14 janvier 1925)
Bessie Smith : voix
Louis Armstrong : cornet
Fred Longshaw : orgue et piano

New Orleans Function
Louis Armstrong et les All Stars
(Enregistré à New York les 26 et 27 avril 1950)
Louis Armstrong : trompette, voix
Jack Teagarden : trombone, voix
Barney Bigard : clarinette
Earl Hines : piano
Arvell Shaw : contrebasse
William « Cozy » Cole : batterie

3 Carry Me Back to Old Virginny
Louis Arsmtrong avec les Mills Brothers
(Enregistré à New York le 7 avril 1937)
Louis Armstrong : trompette, voix
Harry Mills : voix de baryton, imitation trompette
Herbert Mills, Donald Mills : voix de ténors, imitation saxophones
John Mills SR : guitare, imitation basse

4 St. James Infirmary
Louis Armstrong et son Savoy Ballroom Five (Enregistré le 12 décembre 1928)
Louis Armstrong : trompette, voix
Fred Robinson : trombone
Jimmy Strong : clarinette, saxophone ténor
Don Redman : clarinette, saxophone alto, voix, arrangements
Earl Hines : piano, voix
Mancy Cara : banjo
Zutty Singleton : batterie

Fireworks
Louis Armstrong et les Hot Five
(Enregistré à Chicago le 27 juin 1928)
Louis Armstrong : trompette, voix
Jimmy Strong : clarinette, saxophone ténor
Fred Robinson : trombone
Earl Hines : piano, voix
Mancy Cara : banjo, voix
Zutty Singleton : batterie

5 Canal Street Blues
King Olivers's Creole Jazz Band
(Enregistré à Richmond, Indiana, le 5 avril 1923)
Joe « King » Oliver, Louis Armstrong : cornet
Honore Dutray : trombone
Johnny Dodds : clarinette
Lilian Hardin : piano
Bill Johnson ou Bud Scott : banjo
Warren « Baby » Dodds : batterie

6 Melancholy Blues
(Enregistré à Chicago le 7 mai 1927)
Louis Armstrong : cornet
John Thomas : trombone
Johnny Dodds : clarinette
Lil Armstrong : piano
Johnny Saint-Cyr : banjo
Pete Briggs : tuba
Baby Dodds : batterie

Dipper Mouth Blues
Louis Armstrong : A Musical Autobiography
(Enregistré à New York le 23 janvier 1957
Louis Armstrong : trompette, voix
Trummy Young : trombone, voix
Edmund Hall : clarinette
Billy Kyle : piano
George Barnes : guitare
Squire Gersh : contrebasse
Barett Deems : batterie
Bob Haggart : arrangements

8 Nobody Knows the Trouble I've Seen
Louis Armstrong et Ella Fitzgerald avec le Russell Garcia Orchestra
(Enregistré à Hollywood en août 1957)
Louis Armstrong : trompette, voix
Ella Fitzgerald : voix
Paul Smith : piano
Garcia : arrangeur et direction

9 West End Blues
Louis Armstrong et les Hot Five
(Enregistré à Chicago le 27 juin 1928)
Louis Armstrong : trompette, voix
Jimmy Strong : clarinette, saxophone ténor
Fred Robinson : trombone
Earl Hines : piano, voix
Mancy Cara : banjo, voix
Zutty Singleton : batterie

10 Dream a Little Dream of Me
Louis Armstrong et Ella Fitzgerald avec Sy Oliver et son Orchestra
(Enregistré à New York le 25 août 1950)
Louis Armstrong : trompette, voix
Ella Fitzgerald : voix
Paul Webster : trompette
Hank d'Amico : clarinette
Franck Ludwig : saxophone ténor
Hank Jones : piano
Everett Barksdale : guitare
Ray Brown : contrebasse
Johny Blowers : batterie
Sy Oliver : arrangement et direction

11 Solitude
Louis Armstrong : trompette, voix
Duke Ellington : piano
Trummy Young : trombone
Barbey Bigard : clarinette
Mort Herbert : contrebasse
Danny Barcelona : batterie
(Ellington – Delange – Mills)
The Great Summit – The Master Takes
Enregistré aux studios RCA, les 3 et 4 avril 1961. Roulette Jazz, A Blue Note Label, © 2000 EMI Records Ltd.